Impressum
Verlag: BABADADA GmbH, Nedderfeld 112 , 22529 Hamburg
Geschäftsführer / Verlagsleitung: Harald Hof
Druck: Books on Demand GmbH, In de Tarpen 42, 22848 Norderstedt

Imprint
Publisher: BABADADA GmbH, Nedderfeld 112 , 22529 Hamburg, Germany
Managing Director / Publishing direction: Harald Hof
Print: Books on Demand GmbH, In de Tarpen 42, 22848 Norderstedt, Germany

mokykla

школа

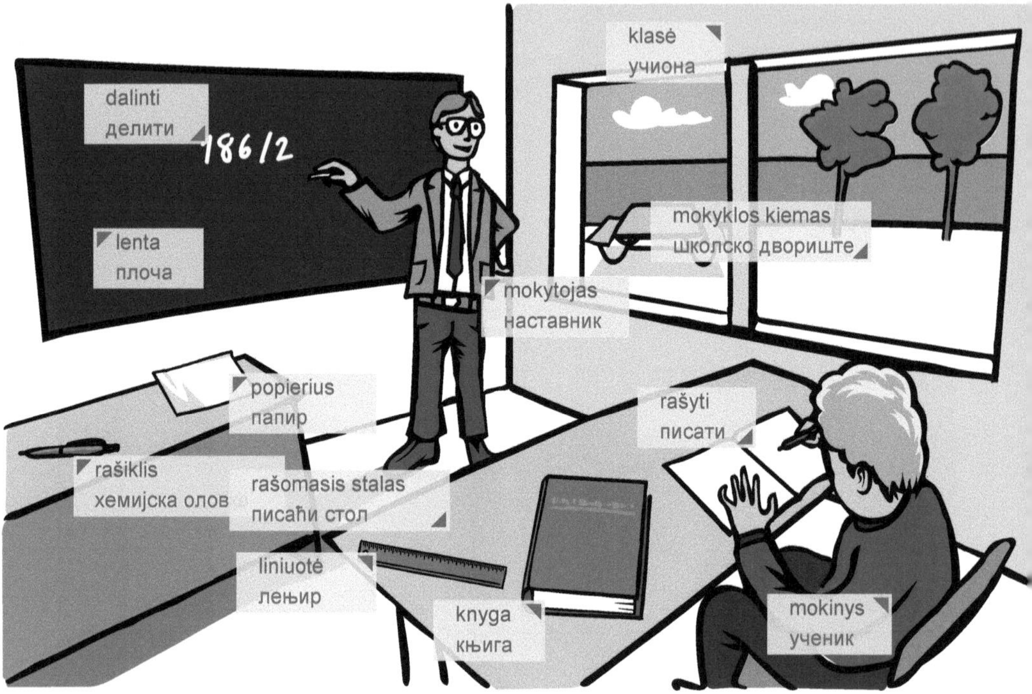
klasė
учиона
dalinti
делити
186/2
lenta
плоча
mokyklos kiemas
школско двориште
mokytojas
наставник
popierius
папир
rašyti
писати
rašiklis
хемијска олов
rašomasis stalas
писаћи стол
liniuotė
лењир
knyga
књига
mokinys
ученик

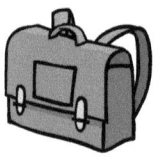

kuprinė

торба

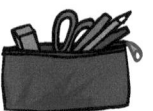

penalas

перница

pieštukas

графитна оловка

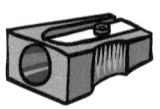

drožtukas

шиљило за оловке

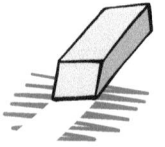

trintukas

гумица за брисање

piešimo bloknotas

блок за цртање

piešinys

цртеж

teptukas

кист

dažų dėžutė

кутија са бојама

žirklės

маказе

klijai

лепило

vadovėlis

бележница

namų darbai

домаћи задатак

numeris

број

pridėti

сабирати

atimti

одузимати

dauginti

множити

skaičiuoti

рачунати

raidė

слово

abėcėlė

абецеда

žodis

реч

tekstas

текст

skaityti

читати

kreida

креда

pamoka

час

dienynas

дневник

egzaminas

испит

pažymėjimas

сведочанство

mokyklinė uniforma

школска униформа

išsilavinimas

образовање

enciklopedija

лексикон

universitetas

универзитет

mikroskopas

микроскоп

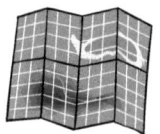

žemėlapis

карта

šiukšliadėžė

кошара за папир

mokykla - школа

kelionė
путовање

viešbutis
хотел
Grand
svečių namai
преноћиште
ROOMS
valiutos keitykla
мењачница
lagaminas
кофер
mašina
ауто

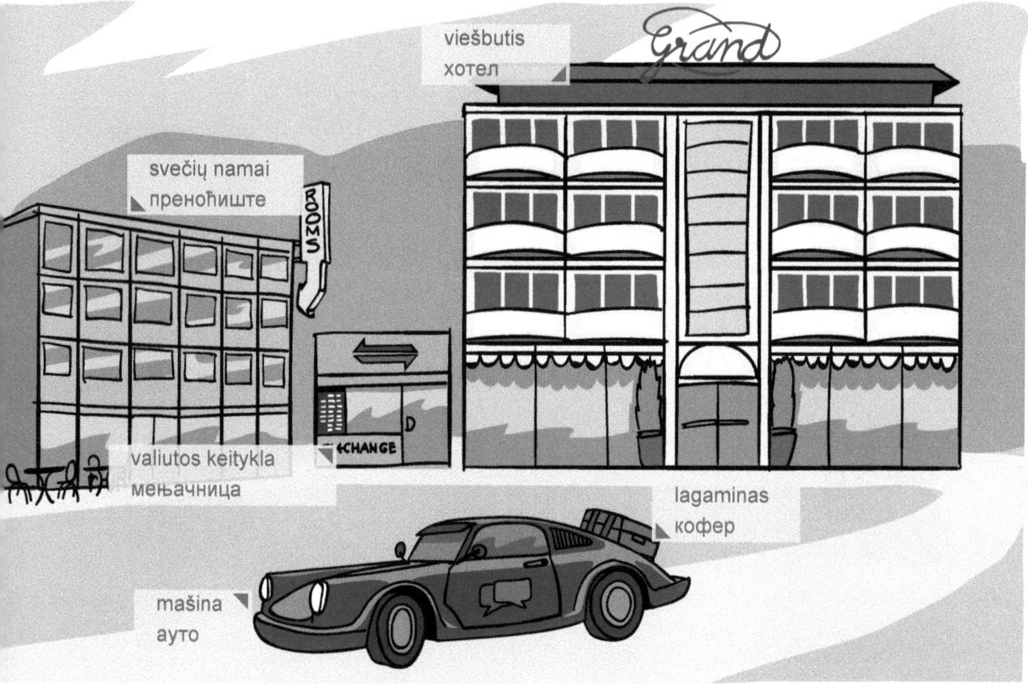

kalba
....
језик

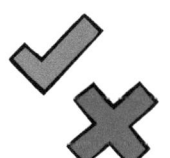

taip / ne
....
да / не

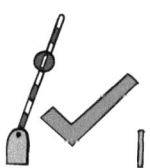

Gerai
....
океј

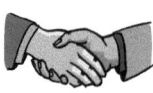

sveiki
....
здраво

vertėjas raštu
....
преводилац

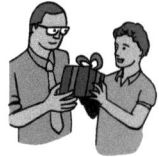

Ačiū
....
хвала

kiek kainuoja...?

Колико кошта...?

aš nesuprantu

не разумем

problema

проблем

Labas vakaras!

добро вече!

Labas rytas!

Добро јутро!

Labos nakties!

Лаку ноћ!

viso gero

довиђења

kryptis

смер

bagažas

пртљага

krepšys

торба

kuprinė

руксак

svečias

гост

kambarys

соба

miegmaišis

врећа за спавање

palapinė

шатор

turizmo informacija

туристичке информације

paplūdimys

плажа

kreditinė kortelė

кредитна картица

pusryčiai

доручак

pietūs

ручак

vakarienė

вечера

bilietas

карта за вожњу

liftas

лифт

pašto ženklas

поштанска маркица

siena

граница

muitinė

царина

ambasada

амбасада

viza

виза

pasas

пасош

transportas
транспорт

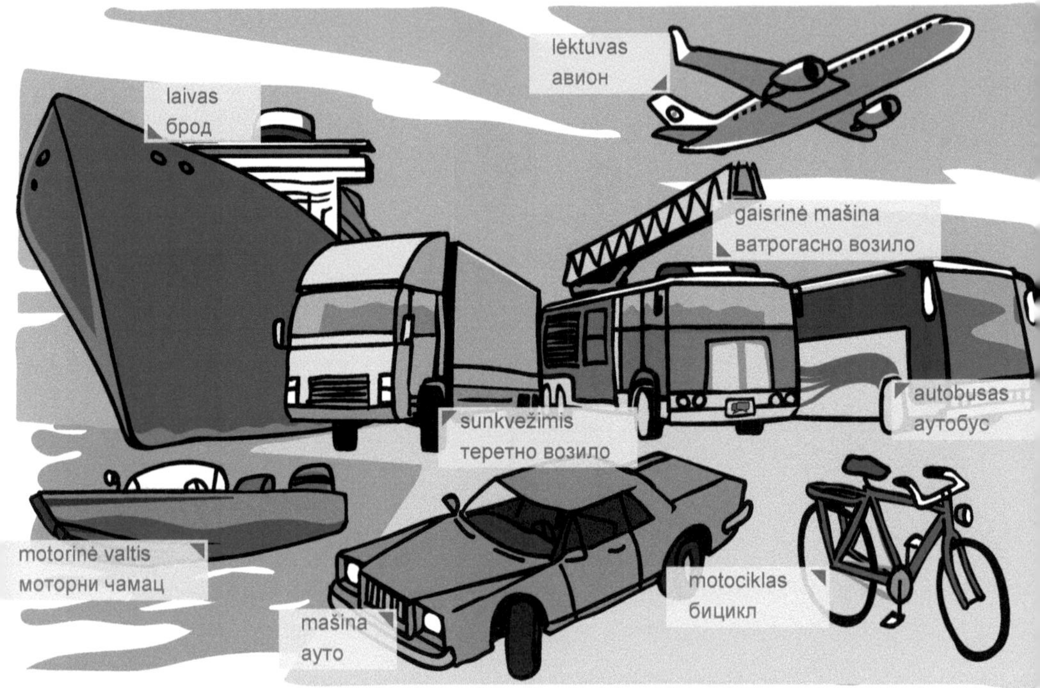

лёктувас
авион

laivas
брод

gaisrinė mašina
ватрогасно возило

autobusas
аутобус

sunkvežimis
теретно возило

motorinė valtis
моторни чамац

motociklas
бицикл

mašina
ауто

keltas

трајект

valtis

чамац

mopedas

мотоцикл

policijos automobilis

полицијски ауто

lenktyninis automobilis

тркаћи ауто

nuomojamas automobilis

изнајмљено ауто

bendras automobilio
naudojimas

дељење аутомобила

techninės pagalbos
automobilis

вучно возило

šiukšliavežė

возило за одвоз смећа

variklis

мотор

degalai

бензин

degalinė

бензинска станица

kelio ženklas

саобраћајни знак

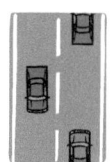

eismas

саобраћај

eismo spūstis

застој

mašinų stovėjimo aikštelė

паркиралиште

traukinių stotis

железничка станица

bėgiai

шине

traukinys

воз

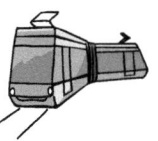

tramvajus

трамвај

vagonas

вагон

sraigtasparnis

хеликоптер

oro uostas

аеродром

bokštas

кула

keleivis

путник

konteineris

контејнер

dėžė

картон

vežimėlis

колица

krepšys

корпа

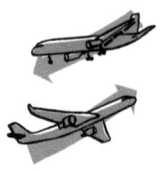

pakilti / nusileisti

узлетети / слетети

miestas

град

kaimas

село

miesto centras

центар града

namas

кућа

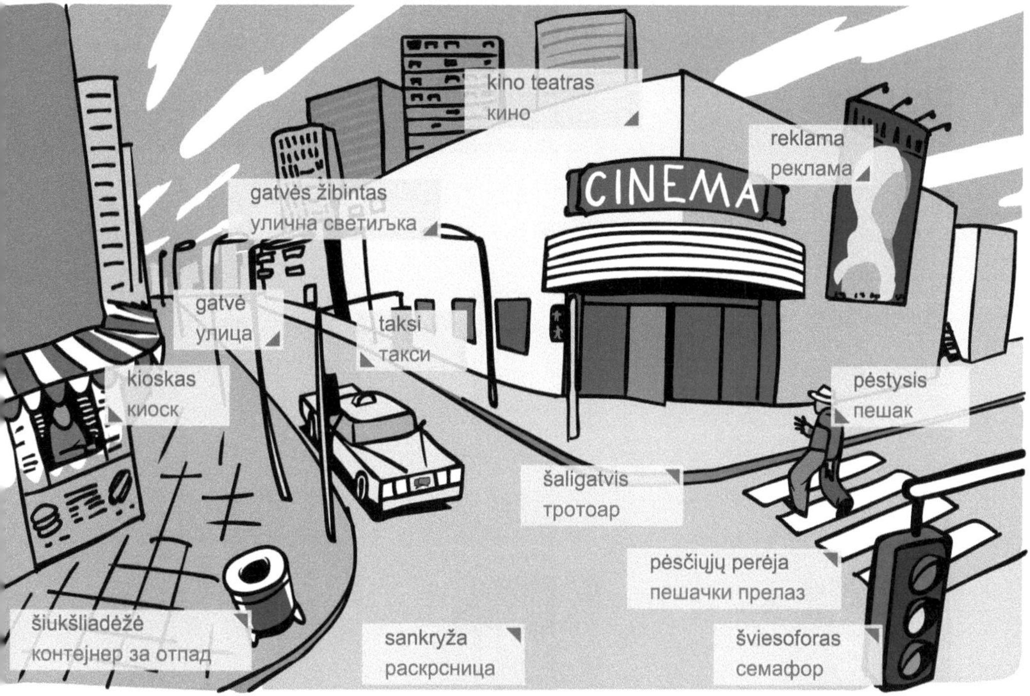

kino teatras / кино

reklama / реклама

gatvės žibintas / улична светиљка

gatvė / улица

taksi / такси

kioskas / киоск

pėstysis / пешак

šaligatvis / тротоар

pėsčiųjų perėja / пешачки прелаз

šiukšliadėžė / контејнер за отпад

sankryža / раскрсница

šviesoforas / семафор

CINEMA

trobelė
колиба

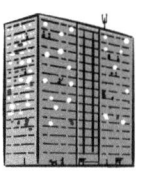

butas
стан

traukinių stotis
железничка станица

rotušė
већница

muziejus
музеј

mokykla
школа

universitetas

универзитет

bankas

банка

ligoninė

болница

viešbutis

хотел

vaistinė

апотека

biuras

канцеларија

knygynas

књижара

parduotuvė

продавница

gėlių parduotuvė

цвећара

prekybos centras

супермаркет

turgus

трг

universalinė parduotuvė

робна кућа

žuvies parduotuvė

рибарница

prekybos centras

трговачки центар

uostas

лука

parkas
парк

suoliukas
клупа

tiltas
мост

laiptai
степенице

metro
подземна железница

tunelis
тунел

autobusų stotelė
аутобуска станица

baras
бар

restoranas
ресторан

lauko pašto dėžutė
поштанско сандуче

kelio ženklas
улични знак

parkomatas
паркирни аутомат

zoologijos sodas
зоолошки врт

baseinas
базен

mečetė
џамија

ūkininko ūkis

сеоско газдинство

tarša

загађење околине

kapinės

гробље

bažnyčia

црква

žaidimų aikštelė

игралиште

šventykla

храм

kraštovaizdis
пејсаж

lapas
лист

kelio rodyklė
путоказ

kelias
пут

pieva
ливада

akmuo
камен

medis
дрво

ėjikas
шетач

upė
река

žolė
трава

gėlė
цвет

slėnis

долина

kalva

планина

ežeras

језеро

miškas

шума

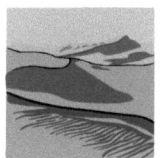

dykuma

пустиња

ugnikalnis

вулкан

pilis

дворац

vaivorykštė

дуга

grybas

гљива

palmė

палма

uodas

москито

musė

мува

skruzdėlė

мрав

bitė

пчела

voras

паук

vabalas

буба

varlė

жаба

voverė

веверица

ežys

јеж

kiškis

зец

pelėda

сова

paukštis

птица

gulbė

лабуд

šernas

дивља свиња

elnias

јелен

briedis

лос

užtvanka

насип

vėjo jėgainė

ветрењача

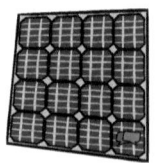

saulės baterija

соларна плоча

klimatas

клима

restoranas
ресторан

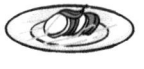

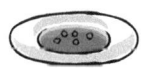

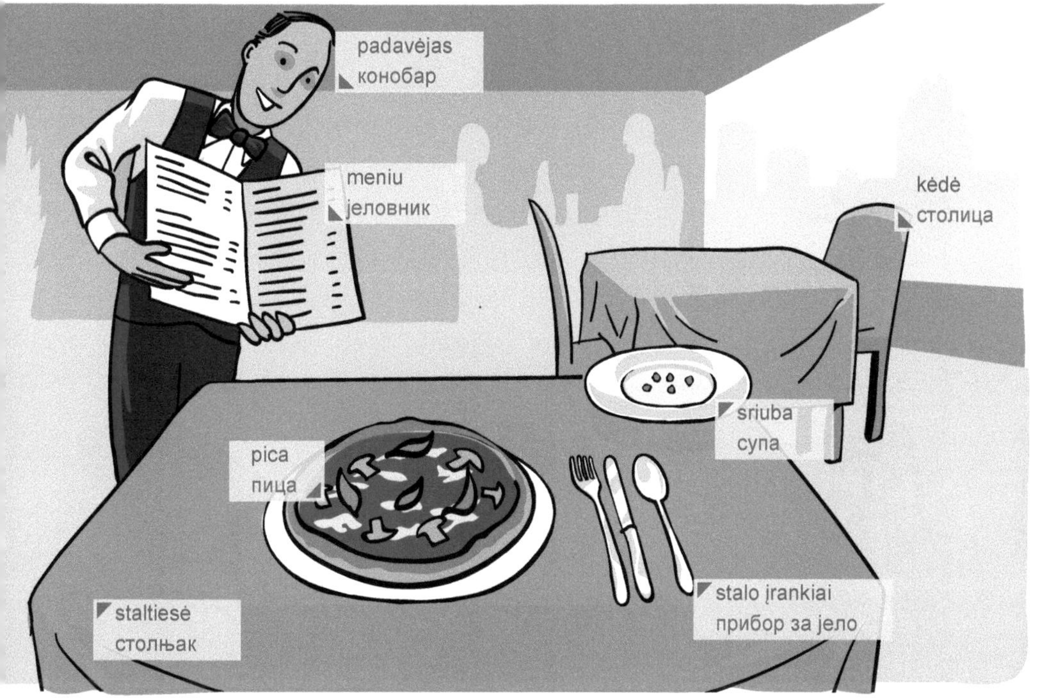

padavėjas
конобар
meniu
јеловник
kėdė
столица
sriuba
супа
pica
пица
stalo įrankiai
прибор за јело
staltiesė
стољњак

užkandis

предјело

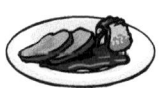

pagrindinis patiekalas

главно јело

desertas

десерт

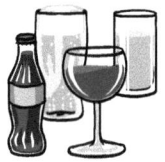

gėrimai

напитци

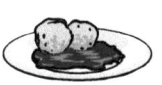

maistas

јело

butelis

флаша

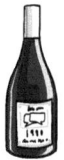

greitai pateikiamas maistas

брза храна

gatvės maistas

имбис храна

arbatinukas

чајник

cukrinė

доза за шећер

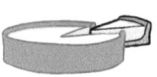

porcija

порција

espreso aparatas

апарат за еспресо

aukšta kėdė

висока столица

sąskaita

рачун

padėklas

послужавник

peilis

нож

šakutė

виљушка

šaukštas

кашика

arbatinis šaukštelis

чајна кашика

servetėlė

салвета

stiklinė

чаша

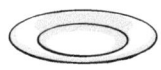

lėkštė

тањир

sriubos lėkštė

тањир за супу

padėklas

тањирић

padažas

сос

druskinė

сољенка

pipirų malūnėlis

млин за бибер

actas

сирће

aliejus

уље

prieskoniai

зачини

kečupas

кечап

garstyčlos

сенф

majonezas

мајонеза

prekybos centras
супермаркет

specialus pasiūlymas
понуда
FOR
pirkėjas
купац
pieno produktai
млечни производи
vaisiai
воће
troleibusas
колица за куповину

BUTCHERS

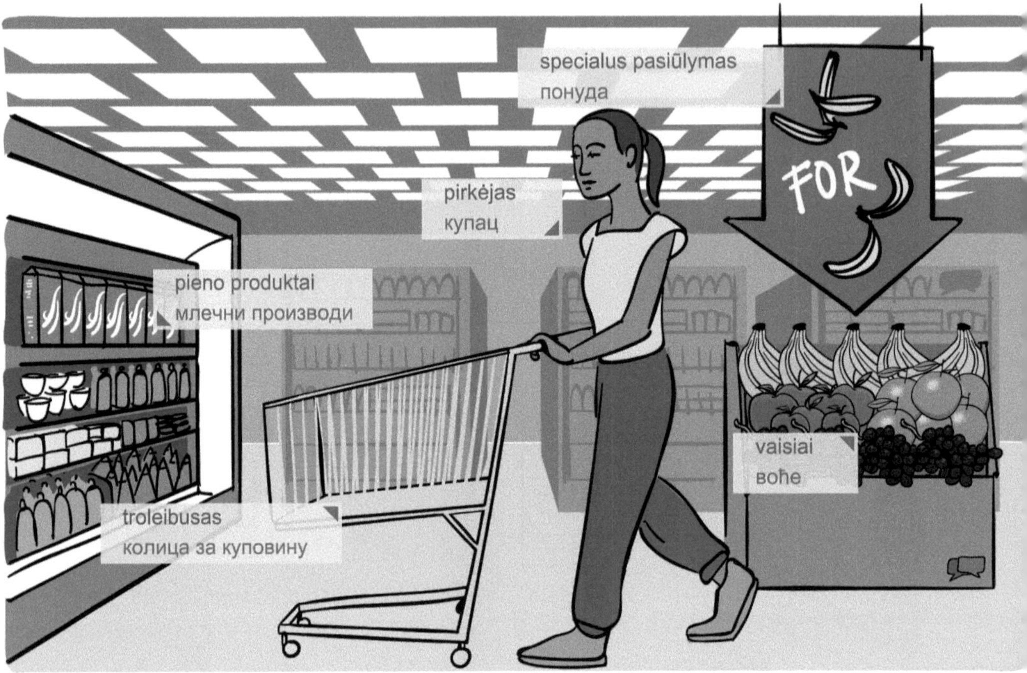

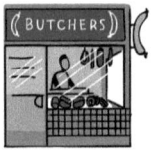

mėsos parduotuvė

месница

BAKERY

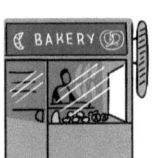

kepykla

пекара

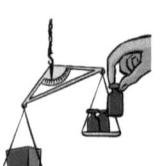

sverti

вагати

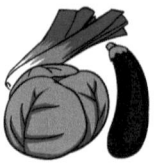

daržovės

поврће

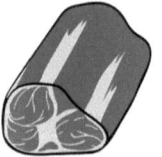

mėsa

месо

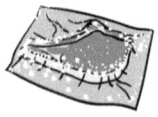

šaldytas maistas

смрзнута храна

šalti mėsos užkandžiai

нарезак

konservai

конзерве

skalbimo milteliai

средство за прање

saldumynai

слаткиши

ūkinės prekės

артикли за домаћинство

valymo priemonės

средства за чишћење

pardavėja

продавачица

kasos aparatas

благајна

kasininkas

благајник

pirkinių sąrašas

листа за куповину

darbo valandos

време рада

piniginė

новчаник

kreditinė kortelė

кредитна картица

maišelis

торба

plastikinis maišelis

пластична кеса

vanduo

вода

sultys

сок

pienas

млеко

kola

кола

vynas

вино

alus

пиво

alkoholis

алкохол

kakava

какао

arbata

чај

kava

кава

espresas

еспресо

kapučinas

капућино

bananas

банана

obuolys

јабука

apelsinas

наранџа

arbūzas

лубеница

citrina

лимун

morka

шаргарепа

česnakas

бели лук

bambukas

бамбус

svogūnas

лук

grybas

гљива

riešutai

орашасти плодови

makaronai

резанци

spagečiai

шпагете

ryžiai

рижа

salotos

салата

traškučiai

помфрит

keptos bulvės

печени крумпир

pica

пица

mėsainis

хамбургер

sumuštinis

сендвич

pjausnys

шницла

kumpis

шунка

saliamis

салама

dešrelė

кобасица

vištiena

кокош

kepsnys

печење

žuvis

риба

avižų dribsniai

зобене пахуљице

dribsniai su priedais

мусли

kukurūzų dribsniai

кукурузне пахуљице

miltai

брашно

prancūziškasis ragelis

кроасан

bandelė

пециво

duona

хлеб

skrebutis

тоаст

sausainiai

кекси

sviestas

маслац

varškė

свежи сир

tortas

колач

kiaušinis

јаје

kiaušinienė

јаје на око

sūris

сир

ledai

сладолед

cukrus

шећер

medus

мед

uogienė

мармелада

tepamas šokoladas

нугат крема

karis

кари

ūkininko ūkis
сеоско газдинство

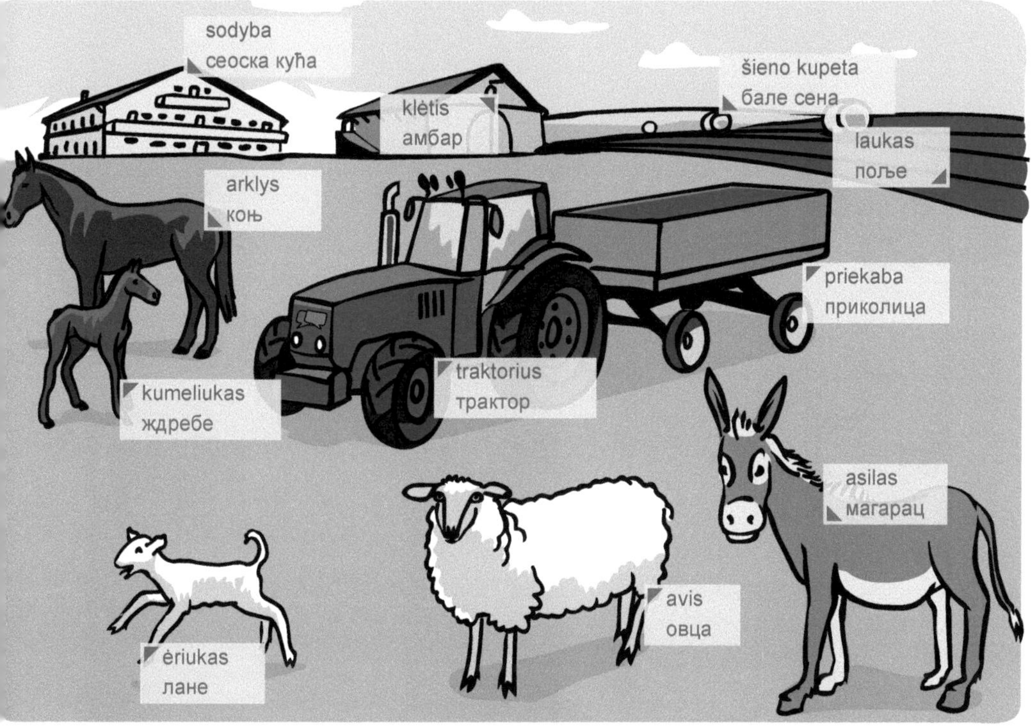

sodyba
сеоска кућа
klėtis
амбар
šieno kupeta
бале сена
laukas
поље
arklys
коњ
priekaba
приколица
traktorius
трактор
kumeliukas
ждребе
asilas
магарац
avis
овца
ėriukas
лане

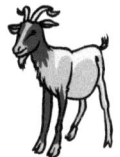

ožys

коза

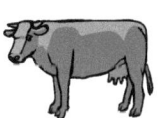

karvė

крава

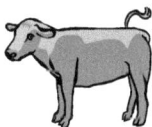

veršis

теле

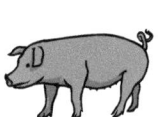

kiaulė

свиња

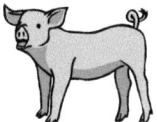

paršelis

прасе

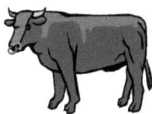

bulius

бик

žąsis

гуска

antis

патка

viščiukas

пилићи

višta

кокош

gaidys

петао

žiurkė

пацов

katė

мачка

pelė

миш

jautis

вол

šuo

пас

šuns būda

кућица за пса

sodo namas

вртно црево

laistytuvas

канта за поливање

dalgis

коса

plūgas

плуг

pjautuvas

срп

kauptukas

мотика

šakės

виљушка за ђубриво

kirvis

секира

statinė

тачке

lovys

корито

bidonas

посуда за млеко

maišas

вреħа

tvora

ограда

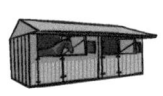

arklidė

штала

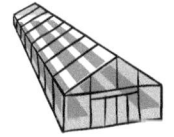

šiltnamis

стакленик

dirva

земља

sėkla

семе

trąšos

ђубриво

kombainas

комбајн

rinkti

жети

derlius

жетва

saldžiosios bulvės

јамс зачин

kviečiai

пшеница

soja

соја

bulvė

крумпир

kukurūzai

кукуруз

rapsai

уљана репица

vaismedis

воћка

manijokas

гомољ маниоке

grūdai

житарице

namas
кућа

kaminas
димњак
stogas
кров
stogvamzdis
жлеб
langas
прозор
garažas
гаража
durų skambutis
звоно
durys
врата
šiukšlių dėžė
корпа за отпад
pašto dėžutė
поштанско сандуче
sodas
врт

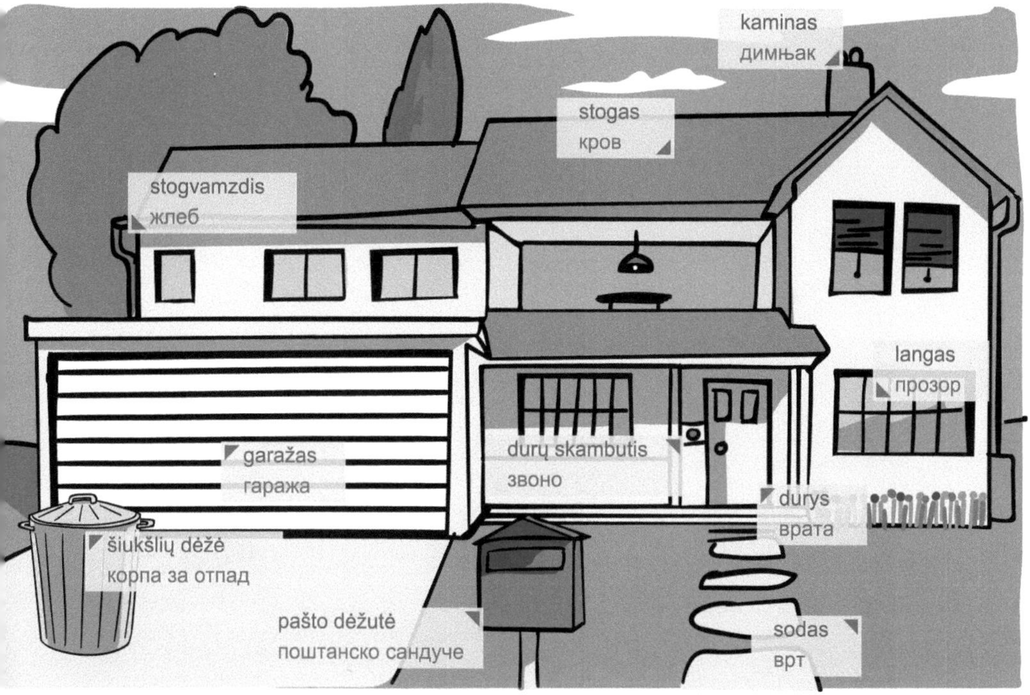

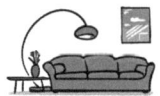

svetainė
дневна соба

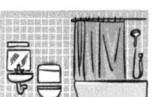

vonios kambarys
купаоница

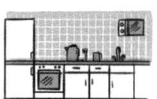

virtuvė
кухиња

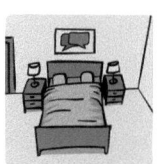

miegamasis
спаваћа соба

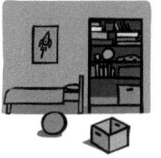

vaiko kambarys
дечија соба

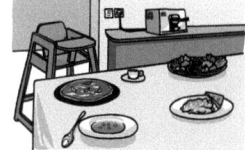

valgomasis
трпезарија

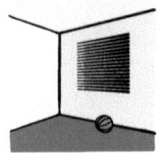

grindys

под

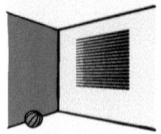

siena

зид

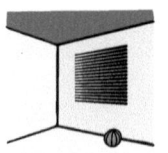

lubos

строп

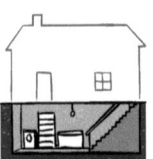

rūsys

подрум

sauna

сауна

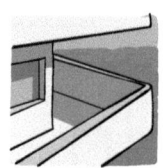

balkonas

балкон

terasa

тераса

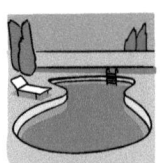

baseinas

базен

žoliapjovė

косилица за траву

paklodė

постељина за кревет

lovatiesė

дека за кревет

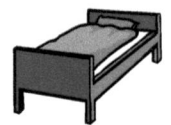

lova

кревет

šluota

метла

kibiras

канта

jungiklis

прекидач

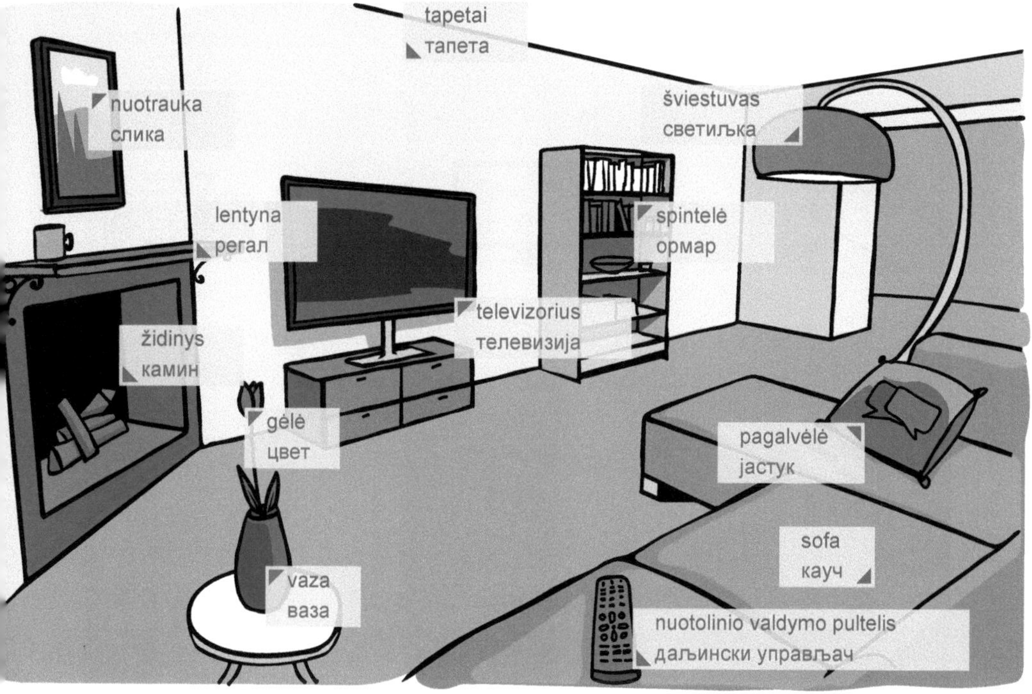

tapetai
тапета

nuotrauka
слика

šviestuvas
светиљка

lentyna
регал

spintelė
ормар

židinys
камин

televizorius
телевизија

gėlė
цвет

pagalvėlė
јастук

vaza
ваза

sofa
кауч

nuotolinio valdymo pultelis
даљински управљач

kilimas
....
тепих

užuolaida
....
завеса

stalas
....
сто

kėdė
....
столица

supamasis krėslas
....
столица за њихање

fotelis
....
фотеља

knyga

књига

antklodė

дека

papuošimai

декорација

malkos

дрво за огрев

filmas

филм

stereo aparatūra

хи-фи уређај

raktas

кључ

laikraštis

новине

paveikslas

слика на платну

plakatas

постер

radijas

радио

užrašų knygelė

блок за писање

dulkių siurblys

усисивач

kaktusas

кактус

žvakė

свећа

virtuvė
кухиња

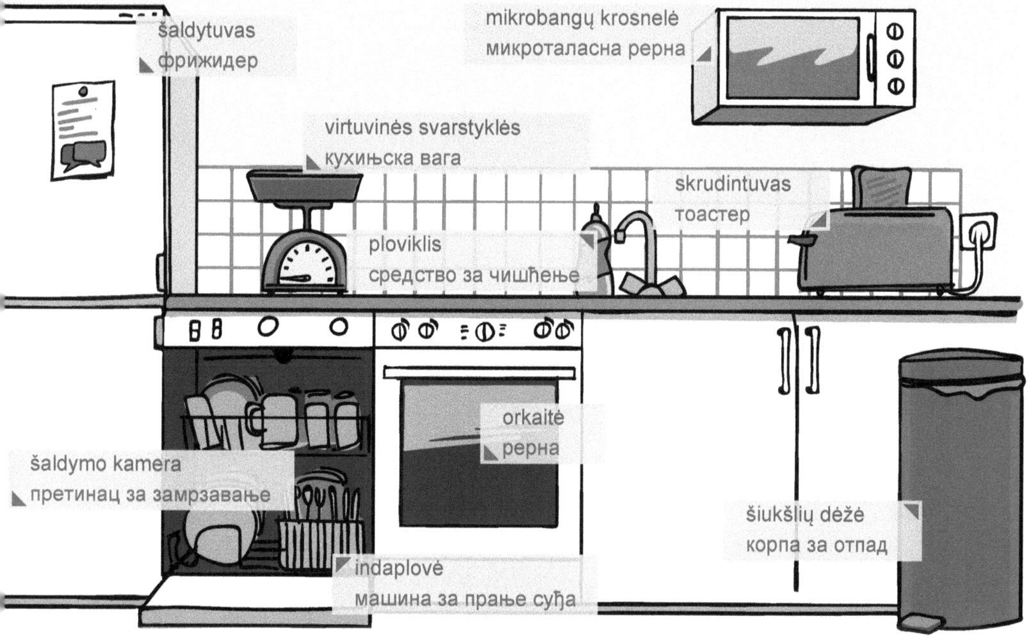

šaldytuvas
фрижидер
mikrobangų krosnelė
микроталасна рерна
virtuvinės svarstyklės
кухињска вага
skrudintuvas
тоастер
ploviklis
средство за чишћење
orkaitė
рерна
šaldymo kamera
претинац за замрзавање
šiukšlių dėžė
корпа за отпад
indaplovė
машина за прање суђа

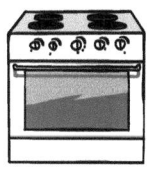

viryklė

шпорет

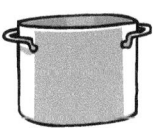

puodas

лонац

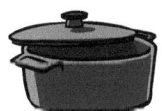

ketaus puodas

гвоздени лонац

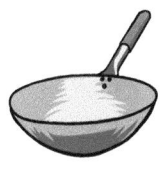

„wok“ keptuvė

вок / кадаи

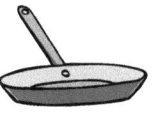

keptuvė

тава

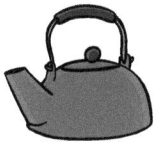

virdulys

кувало за воду

garų puodas

кувало на пару

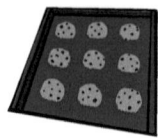

kepimo skarda

лим за печење

porceliano indai

посуђе

puodelis

чаша

dubuo

посуда

valgomosios lazdelės

штапићи за јело

samtis

кутлача

mentelė

лопатица

plaktuvas

пењача

koštuvas

сито за кување

sietas

сито

trintuvė

рибеж

grūstuvė

мужар

kepsninė

роштиљ

atvira liepsna

огњиште

pjaustymo lentelė

даска

kočėlas

оклагија

kamščiatraukis

вадичеп

skardinė

конзерва

skardinių atidarytuvas

отварач конзерви

puodkėlė

крпа за лонац

kriauklė

судопер

šepetys

четка

kempinė

сунђер

trintuvas

миксер

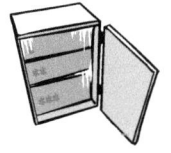

šaldiklis

замрзивач

kūdikių buteliukas

флашица за бебе

čiaupas

славина за воду

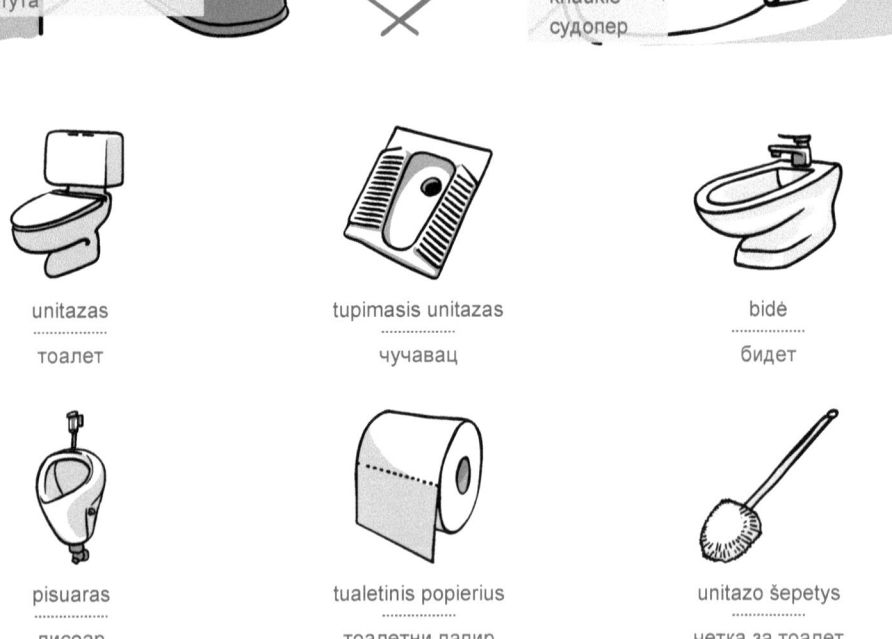

vonios kambarys
купаоница

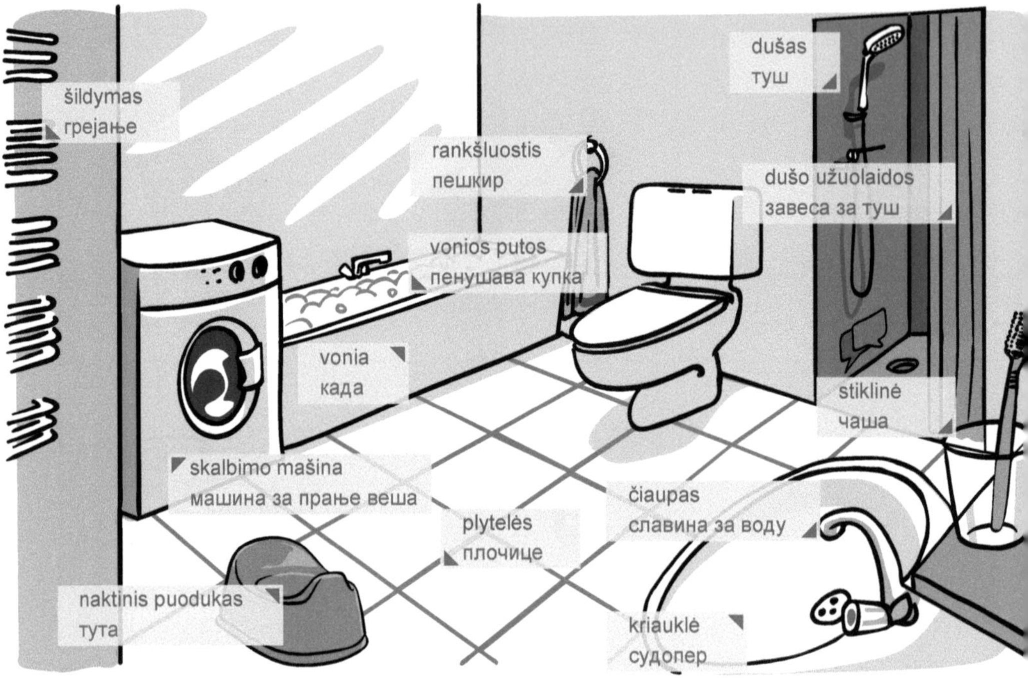

dušas
туш
šildymas
грејање
rankšluostis
пешкир
dušo užuolaidos
завеса за туш
vonios putos
пенушава купка
vonia
када
stiklinė
чаша
skalbimo mašina
машина за прање веша
čiaupas
славина за воду
plytelės
плочице
naktinis puodukas
тута
kriauklė
судопер

unitazas
....
тоалет

tupimasis unitazas
....
чучавац

bidė
....
бидет

pisuaras
....
писоар

tualetinis popierius
....
тоалетни папир

unitazo šepetys
....
четка за тоалет

dantų šepetėlis

четкица за зубе

dantų pasta

паста за зубе

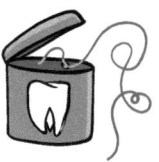

dantų siūlas

конац за зубе

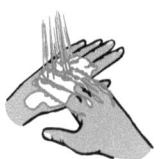

plauti

прати

dušo galvutė

туш ручица

higieninis dušas

туш за прање интимних делова

praustuvas

лавор

nugaros plaušinė

четка за прање леђа

muilas

сапун

dušo želė

гел за туширање

šampūnas

шампон

plaušinė

крпа за прање

kanalizacija

одвод

kremas

крема

dezodorantas

дезодоранс

veidrodis

огледало

veidrodėlis

козметичко огледало

skustuvas

бријач

skutimosi putos

пена за бријање

losjonas po skutimosi

лосион за после бријања

šukos

чешаљ

šepetys

четка

plaukų džiovintuvas

фен за косу

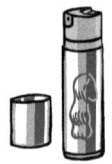

plaukų lakas

спреј за косу

makiažas

шминка

lūpdažis

руж за усне

nagų lakas

лак за нокте

vata

вата

žirklutės nagams

маказе за нокте

kvepalai

парфем

maišelis skalbiniams

козметичка торбица

taburetė

столица

svarstyklės

вага

chalatas

огртач

guminės pirštinės

рукавице за чишћење

tamponas

тампон

higieninis įklotas

уложак

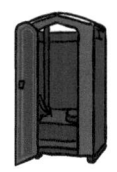

biotualetas

хемијски тоалет

vaiko kambarys
дечија соба

žadintuvas
будилник
pliušinis žaislas
плишана играчка
žaislinė mašinėlė
ауто играчка
barškutis
звечка
lėlės namelis
кућица за лутке
dovana
поклон

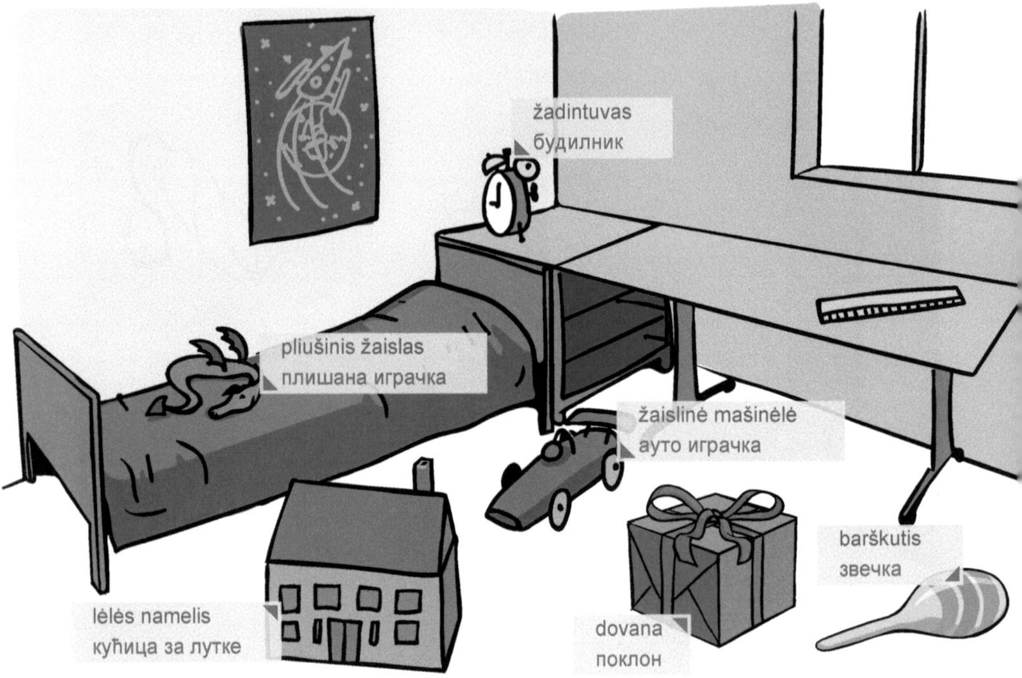

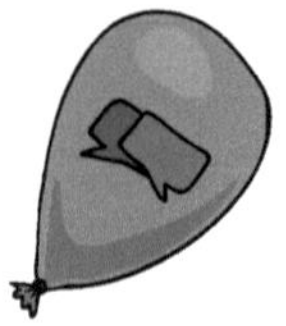

balionas

балон

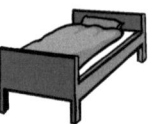

lova

кревет

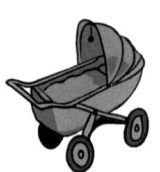

vaikiškas vežimėlis

дјечија колица

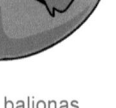

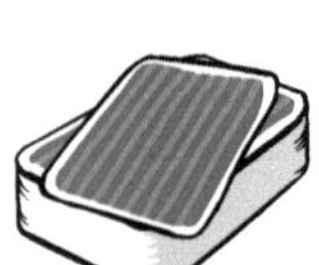

kortų malka

игра са картама

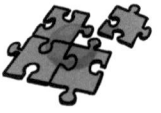

delionė

слагалица

komiksai

стрип

lego kaladėlės

лего коцкице

žaislinės kaladėlės

коцкице за слагање

figūrėlė

акциони јунак

šliaužtinukai

бенкица за бебе

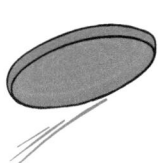

mėtymo lėkštė

фризби

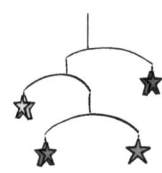

karuselė

висеће играчке

stalo žaidimas

друштвене игре

kauliukai

коцка

žaislinis traukinys

минијатурна жељезница

žindukas

дуда

vakarėlis

забава

paveiksliukų knygelė

сликовница

kamuolys

лопта

lėlė

лутка

žaisti

играти

smėlio dėžė

пешчаник

sūpynės

љуљачка

žaislai

играчка

žaidimų konsolė

конзола за игре

triratukas

трицикл

meškiukas

теди

drabužių spinta

ормар

drabužis

одећа

kojinės

кратке чарапе

kojinės virš kelių

чарапе

pėdkelnės

хулахопке

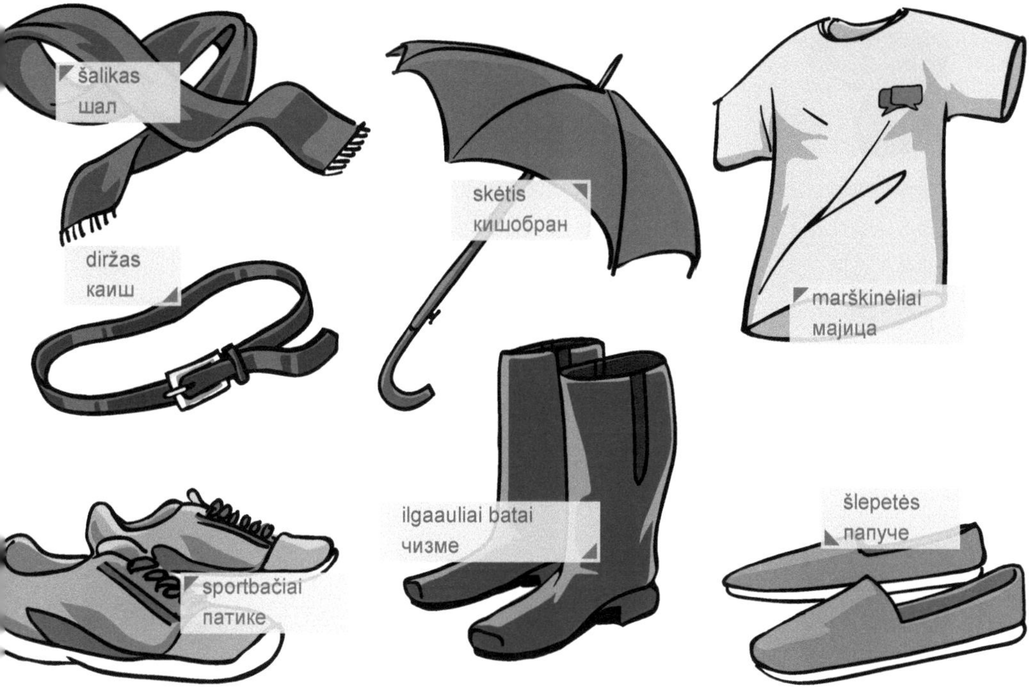

šalikas
шал

diržas
каиш

skėtis
кишобран

marškinėliai
мајица

ilgaauliai batai
чизме

šlepetės
папуче

sportbačiai
патике

sandalai
················
сандале

batai
················
ципеле

guminiai batai
гумсис чиэмс

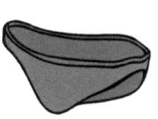

trumpikės
················
гаћице

liemenėlė
················
грудњак

liemenė
················
поткошуља

glaustinukė

боди

kelnės

панталоне

džinsai

фармерке

sijonas

сукња

palaidinė

блуза

marškiniai

кошуља

megztinis

џемпер

megztinis su gobtuvu

џемпер с капуљачом

švarkelis

сако

švarkas

јакна

paltas

мантил

lietpaltis

кабаница

kostiumas

костим

suknelė

хаљина

vestuvinė suknelė

венчаница

kostiumas

одело

naktiniai marškiniai

спаваћица

pižama

пиџама

saris

сари

skarelė

марама за главу

tiurbanas

турбан

burka

бурка

kaftanas

кафтан

abaja

абаја

maudymosi kostiumėlis

купаћи костим

glaudės

купаће гаћице

šortai

кратке панталоне

sportinis kostiumas

одећа за тренинг

prijuostė

кецеља

pirštinės

рукавице

saga

дугме

akiniai

наочаре

apyrankė

наруквица

vėrinys

огрлица

žiedas

прстен

auskaras

наушница

kepurė

капа

pakabas

вешалица

skrybėlė

шешир

kaklaraištis

кравата

užtrauktukas

патент затварач

šalmas

кацига

breketai

нараменице

mokyklinė uniforma

школска униформа

uniforma

униформа

seilinukas

подбрадак

žindukas

дуда

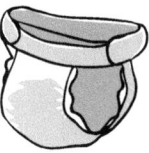

vystyklai

пелена

biuras
канцеларија

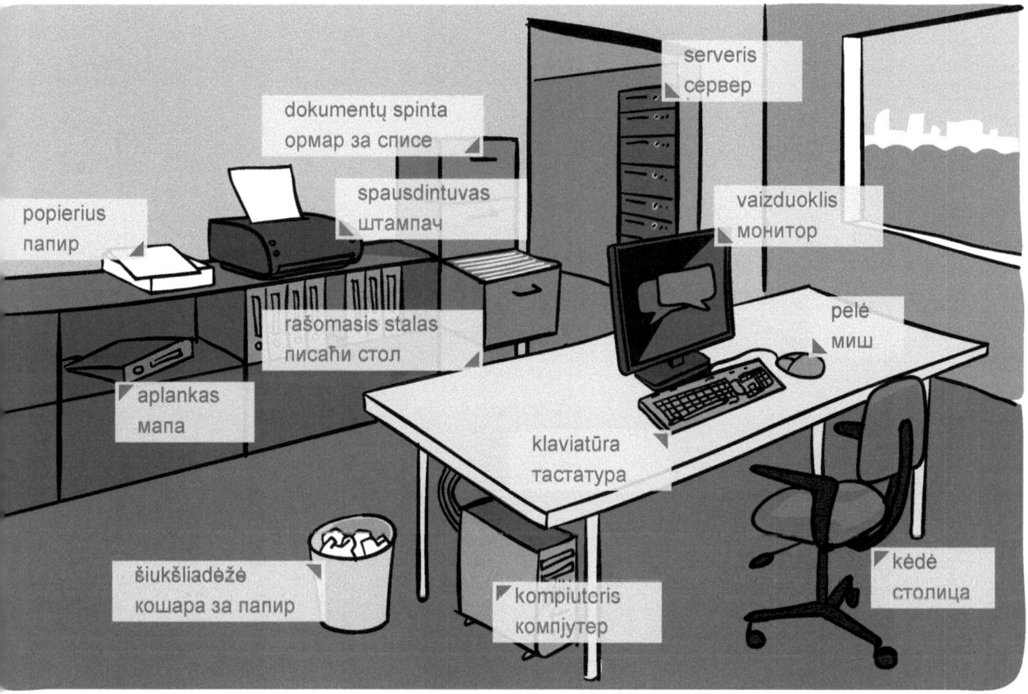

serveris
сервер

dokumentų spinta
ормар за списе

spausdintuvas
штампач

vaizduoklis
монитор

popierius
папир

rašomasis stalas
писаћи сто

pelė
миш

aplankas
мапа

klaviatūra
тастатура

šiukšliadėžė
кошара за папир

kompiuteris
компјутер

kėdė
столица

kavos puodelis

шалица за каву

kalkuliatorius

калкулатор

internetas

интернет

nešiojamasis kompiuteris

лаптоп

laiškas

писмо

žinutė

порука

mobilusis telefonas

мобилни телефон

tinklas

мрежа

fotokopijavimo aparatas

уређај за копирање

programinė įranga

софтвер

telefonas

телефон

kištukinis lizdas

утичница

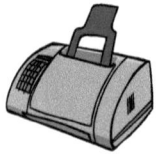

faksas

факс

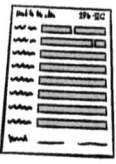

forma

формулар

dokumentas

документ

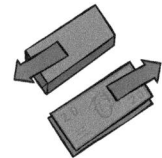

pirkti

куповати

mokėti

платити

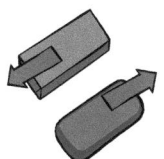

prekiauti

трговати

pinigai

новац

doleris

долар

euras

евро

jena

јен

rublis

рубља

Šveicarijos frankas

швајцарски франак

juanis

ренминдби јуан

rupija

рупија

bankomatas

аутомат за новац

valiutos keitykla

мењачница

auksas

злато

sidabras

сребро

nafta

нафта

energija

енергија

kaina

цена

sutartis

уговор

mokestis

порез

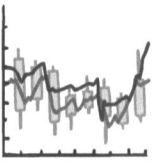

akcijos

деонице

dirbti

радити

darbuotojas

службеник

darbdavys

послодавац

gamykla

фабрика

parduotuvė

продавница

ekonomika - економија

profesijos

занимања

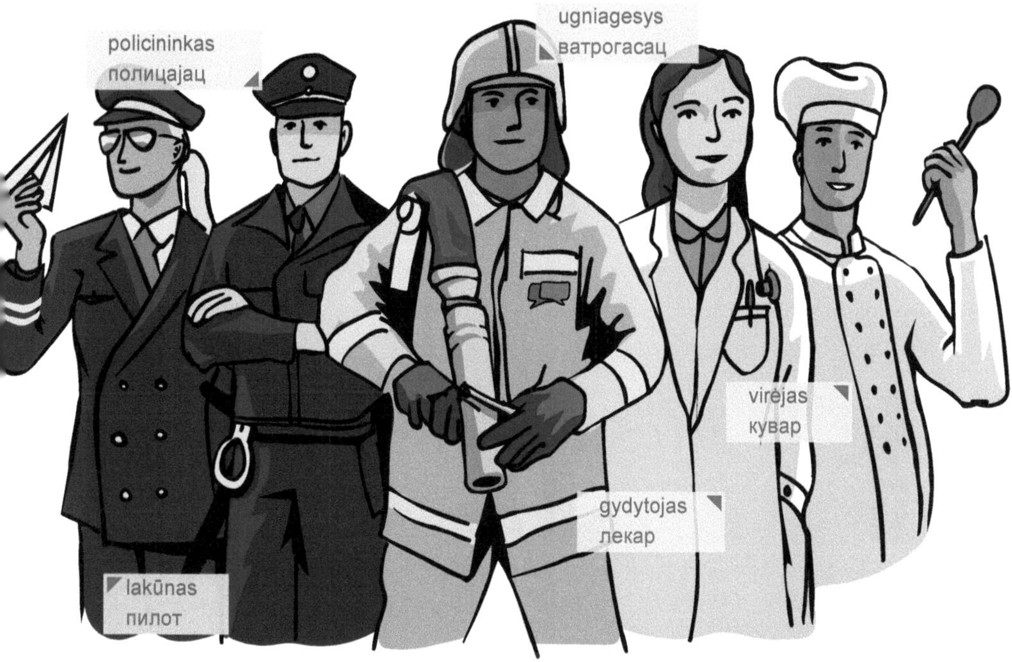

policininkas
полицајац
ugniagesys
ватрогасац
virėjas
кувар
gydytojas
лекар
lakūnas
пилот

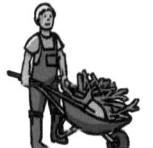

sodininkas

вртлар

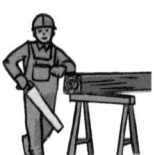

stalius

столар

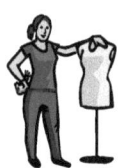

siuvėja

кројачица

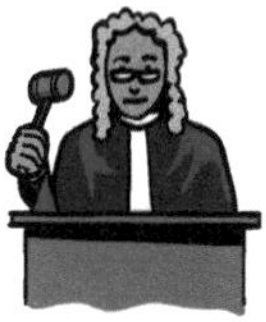

teisėjas

судија

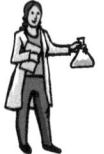

chemikas

хемичар

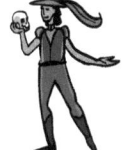

aktorius

глумац

autobuso vairuotojas

возач аутобуса

taksi vairuotojas

возач таксија

žvejys

рибар

valytoja

чистачица

stogdengys

кровопокривач

padavėjas

конобар

medžiotojas

ловац

dailininkas

сликар

kepėjas

пекар

elektrikas

електричар

statybininkas

грађевински радник

inžinierius

инжењер

mėsininkas

месар

santechnikas

лимар

paštininkas

поштар

kareivis

војник

architektas

архитекта

kasininkas

благајник

gėlininkas

цвећар

kirpėjas

фризер

konduktorius

кондуктер

mechanikas

механичар

kapitonas

капетан

odontologas

зубар

mokslininkas

научник

rabinas

раби

imamas

имам

vienuolis

монах

kunigas

свећеник

įrankiai

алати

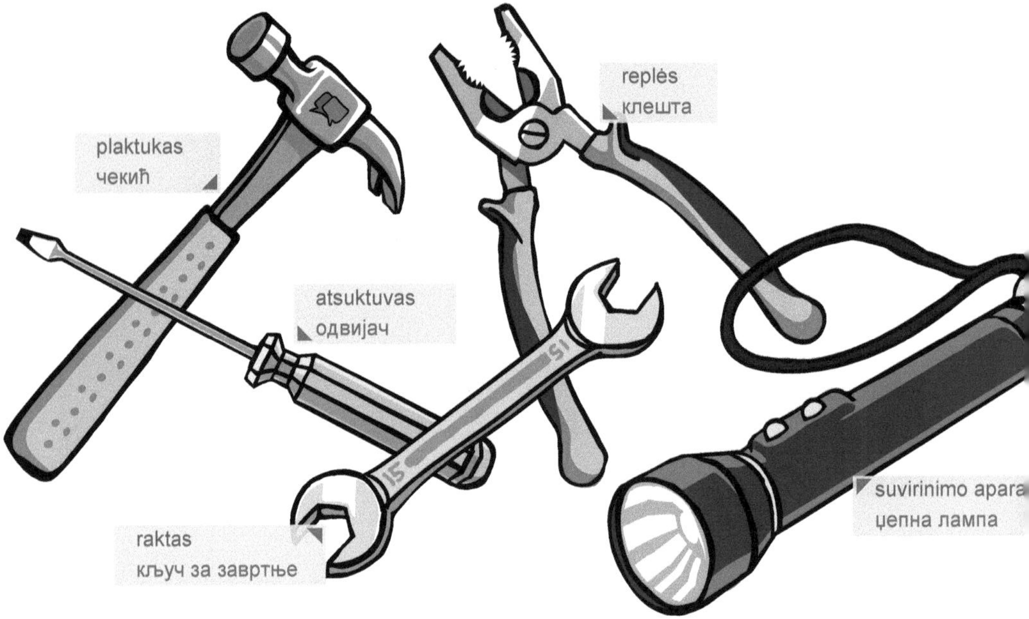
plaktukas
чекић
replės
клешта
atsuktuvas
одвијач
suvirinimo apara
цепна лампа
raktas
кључ за завртње

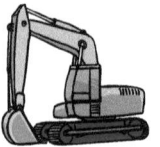

ekskavatorius

багер

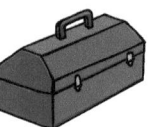

įrankių dėžė

кутија за алат

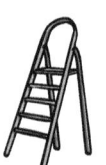

kopėčios

мердевине

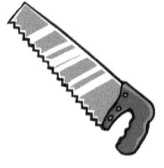

pjūklas

пила

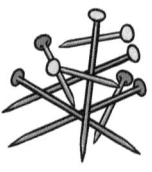

vinys

ексер

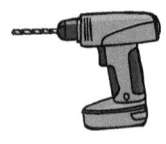

grąžtas

бушилица

taisyti

поправити

kastuvas

лопата

Velniava!

до ђавола!

semtuvėlis

лопатица

dažų skardinė

лонац за боју

varžtai

завртањи

muzikos instrumentai
музички инструмент

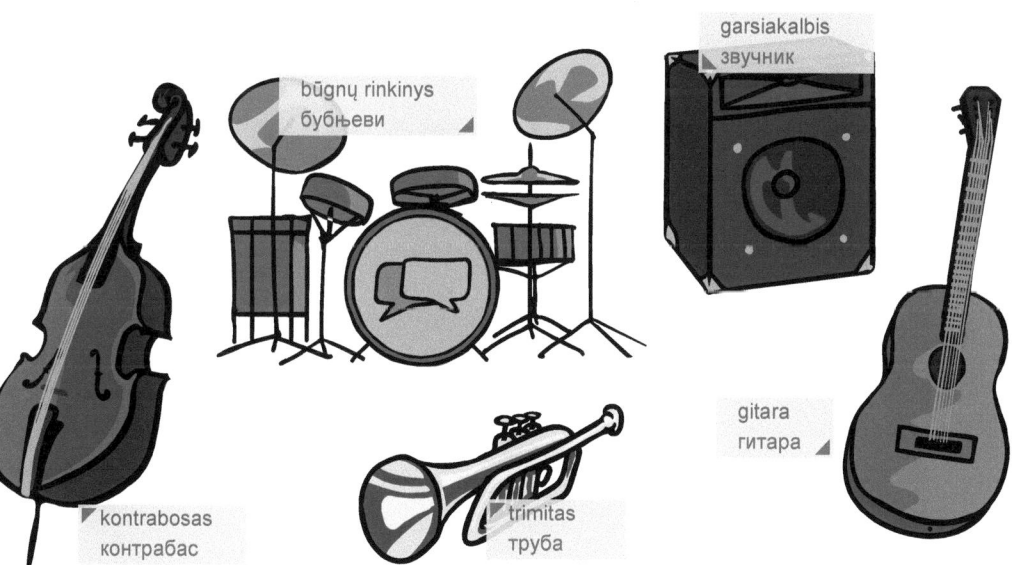

būgnų rinkinys
бубњеви

garsiakalbis
звучник

kontrabosas
контрабас

trimitas
труба

gitara
гитара

pianinas

клавир

smuikas

виолина

bosinė gitara

бас

timpanas

тимпани

būgnai

удараљке за бубњеве

sintezatorius

типке клавира

saksofonas

саксофон

fleita

флаута

mikrofonas

микрофон

muzikos instrumentai - музички инструмент

zoologijos sodas

зоолошки врт

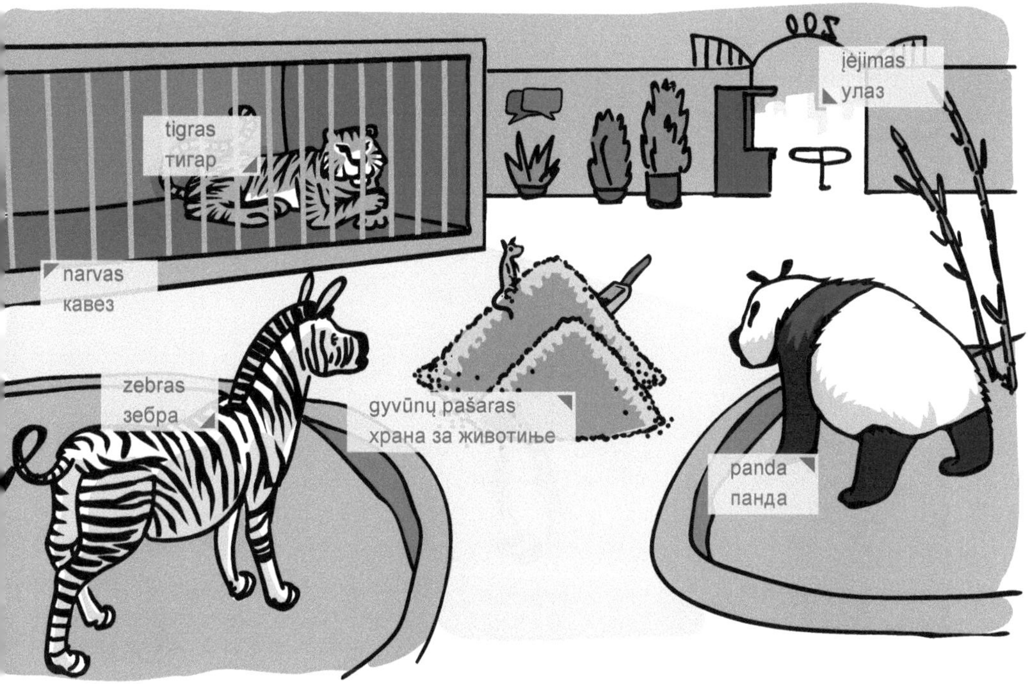

įėjimas
улаз
tigras
тигар
narvas
кавез
zebras
зебра
gyvūnų pašaras
храна за животиње
panda
панда

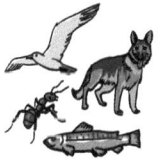

gyvūnai

животиње

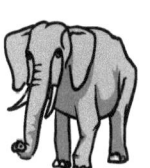

dramblys

слон

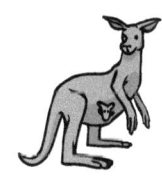

kengūra

кенгур

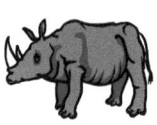

raganosis

носорог

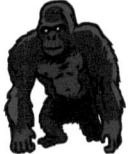

gorila

горила

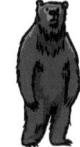

meška

медвед

kupranugaris

камила

strutis

нoj

liūtas

лав

beždžionė

мajмун

flamingas

фламинго

papūga

папагаj

baltoji meška

поларни медвед

pingvinas

пингвин

ryklys

аjкула

povas

паун

gyvatė

змиja

krokodilas

крокодил

zoologijos sodo prižiūrėtojas

чувар у зоолошком врту

ruonis

туљан

jaguaras

jагуар

ponis

пони

leopardas

леопард

begemotas

нилски коњ

žirafa

жирафа

erelis

орао

šernas

дивља свиња

žuvis

риба

vėžlys

корњача

vėplys

морж

lapė

лисица

gazelė

газела

amerikietiškas futbolas
амерички ногомет

dviračių sportas
бициклизам

tenisas
тенис

krepšinis
кошарка

plaukimas
пливање

boksas
бокс

ledo ritulys
хокеј на леду

futbolas
фудбал

badmintonas
бадминтон

atletika
атлетика

rankinis
рукомет

slidinėjimas
скијање

polas
поло

šokinėti / скочити

juoktis / смејати се

apkabinti / загрлити

vaikščioti / ићи

dainuoti / певати

svajoti / сањати

melstis / молити се

bučiuoti / пољубити

rašyti	piešti	rodyti
писати	цртати	показати

stumti	duoti	imti
гурати	дати	узети

turėti

имати

daryti

чинити

būti

бити

stovėti

стојати

bėgti

трчати

traukti

повлачити

mesti

бацити

kristi

падати

meluoti

лежати

laukti

чекати

nešti

носити

sėdėti

седити

rengtis

облачити

miegoti

спавати

pabusti

пробудити се

žiūrėti

гледати

verkti

плакати

glostyti

миловати

šukuoti

чешљати

kalbėti

говорити

suprasti

разумети

paklausti

питати

klausytis

слушати

gerti

пити

valgyti

јести

tvarkytis

поспремити

mylėti

волети

gaminti

кухати

vairuoti

возити

skristi

летети

buriuoti

пловити

skaičiuoti

рачунати

skaityti

читати

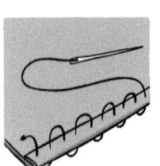

mokytis

учити

dirbti

радити

vesti

венчати се

siūti

шити

valytis dantis

прати зубе

žudyti

убити

rūkyti

пушити

siųsti

послати

senelė / бака

senelis / деда

tėvas / отац

motina / мајка

kūdikis / беба

dukra / кћерка

sūnus / син

svečias

гост

teta

тетка

dėdė

ујак, стриц

brolis

брат

sesuo

сестра

kūnas

тело

kakta
чело
akis
око
petys
раме
pirštas
прст
veidas
лице
smakras
брада
plaštaka
рука
koja
нога
krūtinė
груди
ranka
рука

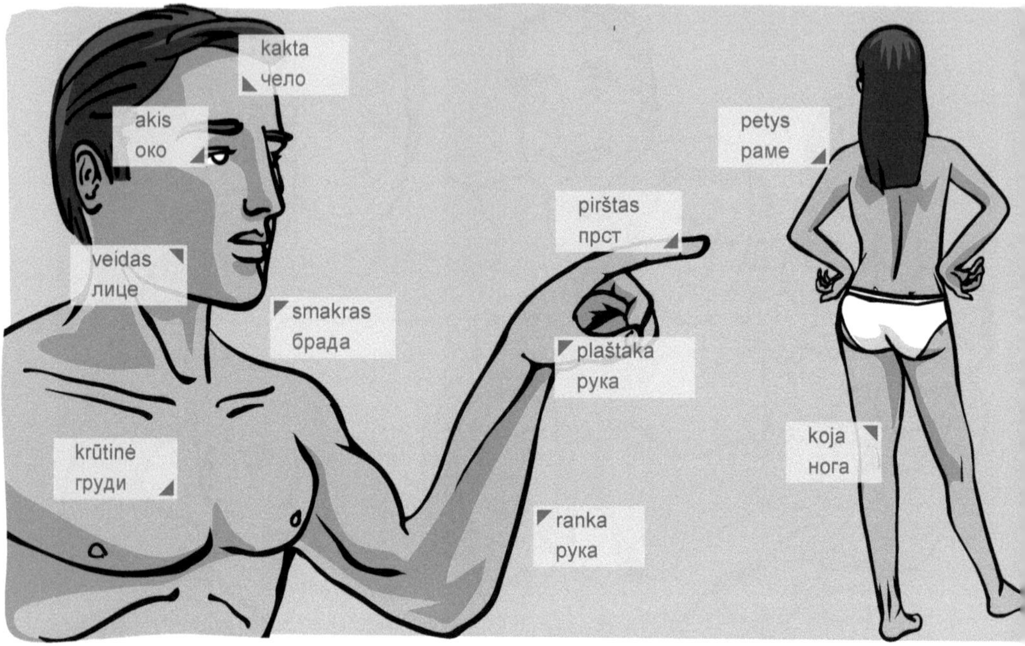

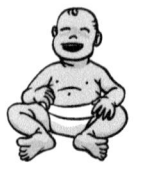

kūdikis

беба

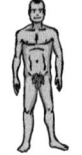

vyras

мушкарац

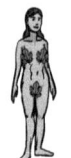

moteris

жена

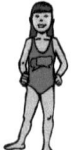

mergaitė

девојчица

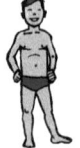

berniukas

дечак

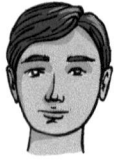

galva

глава

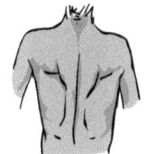

nugara

леђа

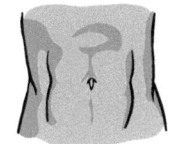

pilvas

стомак

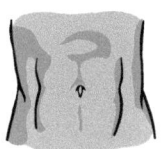

bamba

пупак

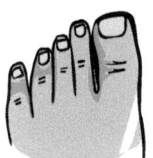

kojos pirštas

ножни прст

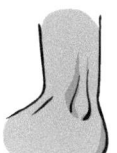

kulnas

пета

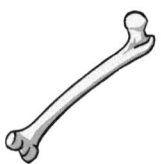

kaulas

кост

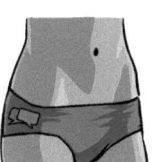

klubas

кукови

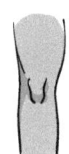

kelis

колено

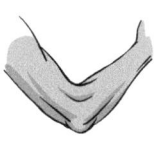

alkūnė

лакат

nosis

нос

sėdmenys

задњица

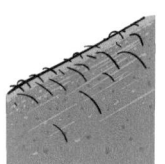

oda

кожа

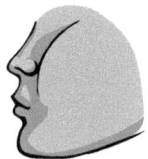

skruostas

образ

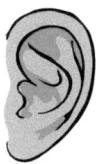

ausis

уво

lūpa

усна

burna

уста

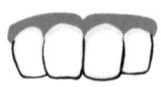

dantis

зуб

liežuvis

језик

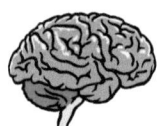

smegenys

мозак

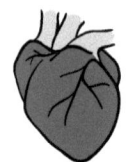

širdis

срце

raumuo

мишић

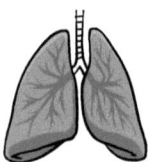

plaučiai

плућа

kepenys

јетра

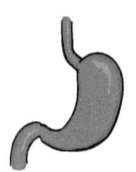

skrandis

желудац

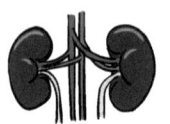

inkstai

бубрези

seksas

полни однос

prezervatyvas

кондом

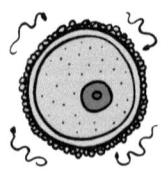

kiaušialąstė

јајна ћелија

sperma

сперма

nėštumas

трудноћа

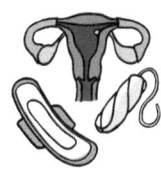

menstruacijos

менструација

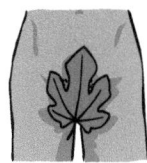

makštis

вагина

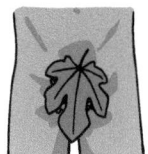

varpa

пенис

antakis

обрва

plaukai

коса

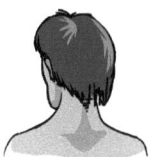

kaklas

врат

ligoninė

болница

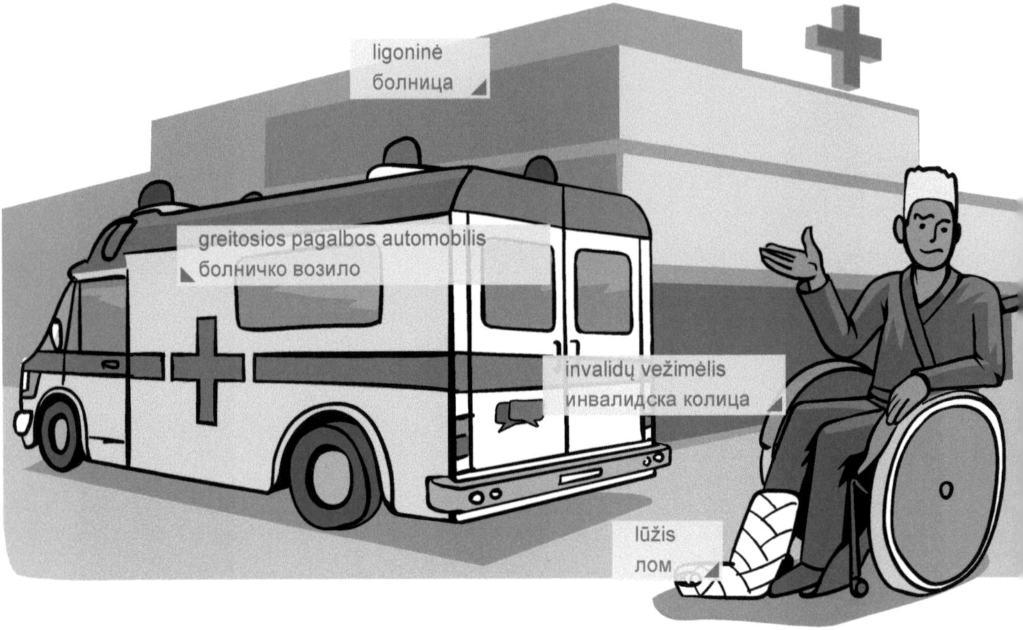

ligoninė
болница
greitosios pagalbos automobilis
болничко возило
invalidų vežimėlis
инвалидска колица
lūžis
лом

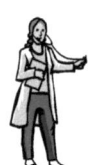

gydytojas

лекар

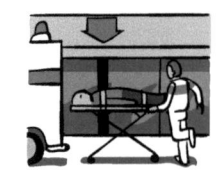

skubios pagalbos skyrius

хитна медицинска служба

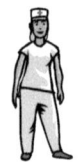

slaugytoja

медицинска сестра

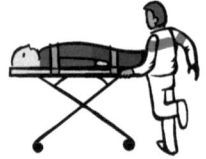

nelaimingas atsitikimas

хитни случај

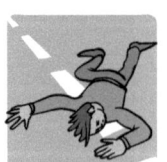

be sąmonės

несвест

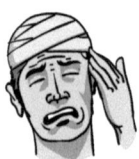

skausmas

бол

sužalojimas

повреда

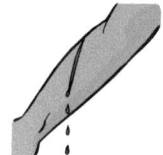

kraujavimas

крварење

širdies smūgis

срчани удар

insultas

удар

alergija

алергија

kosulys

кашаљ

karščiavimas

грозница

gripas

грипа

viduriavimas

пролив

galvos skausmas

главобоља

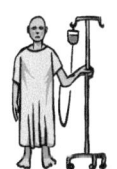

vėžys

рак

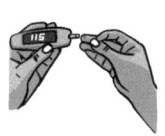

diabetas

дијабетес

chirurgas

хирург

skalpelis

скалпел

operacija

операција

KT
цт

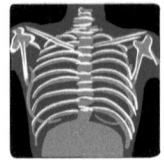

rentgenas
рентген

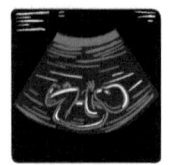

ultragarsas
ултразвук

veido kaukė
маска

liga
болест

laukiamasis
чекаона

ramentas
штака

gipsas
фластер

tvarstis
завој

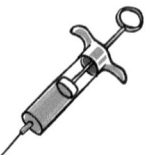

injekcija
ињекција

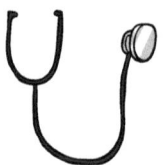

stetoskopas
стетоскоп

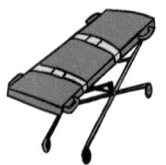

neštuvai
носила

termometras
термометар

gimimas
рођење

antsvoris
прекомерна тежина

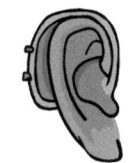

klausos aparatas

слушни апарат

dezinfekavimo priemonė

средство за дезинфекцију

infekcija

инфекција

virusas

вирус

ŽIV / AIDS

хив / аидс

vaistas

медицина

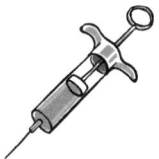

skiepijimas

вакцинација

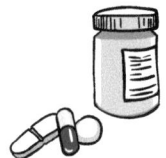

tabletės

таблете

piliulė

пилула

skubios pagalbos numeris

хитни позив

kraujospūdžio matuoklis

уређај за мерење
притиска

ligotas / sveikas

болесно / здраво

Padėkite!

помоћ!

pavojaus signalas

аларм

užpuolimas

насртај

ataka

напад

pavojus

опасност

avarinis išėjimas

излаз у случају нужде

Gaisras!

пожар!

gesintuvas

противпожарни апарат

nelaimingas atsitikimas

незгода

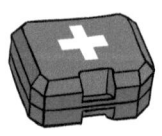

pirmosios pagalbos rinkinys

кутија прве помоћи

SOS

сос

policija

полиција

Europa

Европа

Šiaurės Amerika

Северна Америка

Pietų Amerika

Јужна Америка

Afrika

Африка

Azija

Азија

Australija

Аустралија

Atlanto vandenynas

Атлантик

Ramusis vandenynas

Пацифик

Indijos vandenynas

Индијски океан

Pietų vandenynas

Антарктички океан

Arkties vandenynas

Арктички океан

Šiaurės ašigalis

Северни рол

Pietų ašigalis

Јужни рол

Antarktida

Антарктик

Žemė

земља

sausuma

земља

jūra

море

sala

оток

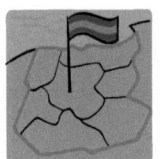

tauta

нација

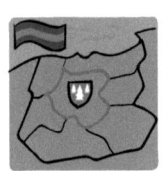

valstybė

држава

ciferblatas

бројчаник сата

valandinė rodyklė

сатна казаљка

minutinė rodyklė

минутна казаљка

sekundinė rodyklė

секундна казаљка

Kiek valandų?

Колико је сати?

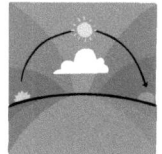

diena

дан

laikas

време

dabar

сада

skaitmeninis laikrodis

дигитални сат

minutė

минута

valanda

час

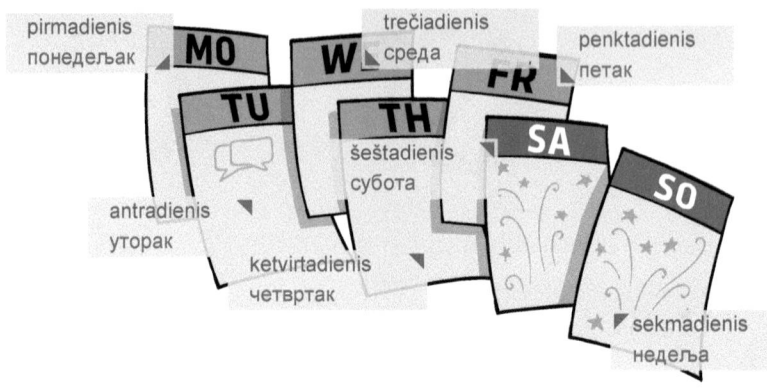

pirmadienis
понедељак

trečiadienis
среда

penktadienis
петак

antradienis
уторак

šeštadienis
субота

ketvirtadienis
четвртак

sekmadienis
недеља

vakar

јуче

šiandien

данас

rytoj

сутра

rytas

јутро

vidurdienis

подне

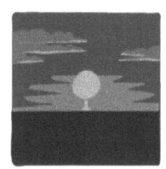

vakaras

вече

MO	TU	WE	TH	FR	SA	SU
1	2	3	4	5	6	7
8	9	10	11	12	13	14
15	16	17	18	19	20	21
22	23	24	25	26	27	28
29	30	31	1	2	3	4

darbo dienos

радни дани

MO	TU	WE	TH	FR	SA	SU
1	2	3	4	5	6	7
8	9	10	11	12	13	14
15	16	17	18	19	20	21
22	23	24	25	26	27	28
29	30	31	1	2	3	4

savaitgalis

викенд

metai
година

lietus
киша
vaivorykštė
дуга
sniegas
снег
vėjas
ветар
pavasaris
пролеће
ruduo
јесен
vasara
лето
žiema
зима

4.APRIL 11°
5.APRIL 4°
6.APRIL 13°
7.APRIL 8°
8 APRIL 10°

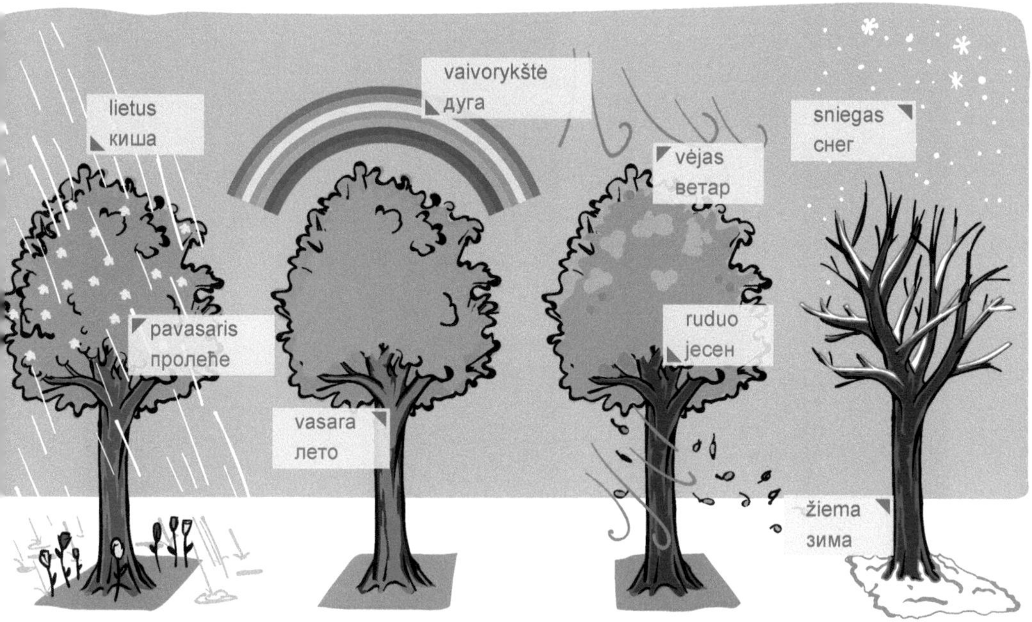

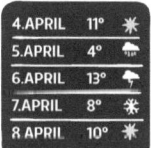

orų prognozė

метеоролошка прогноза

F
C

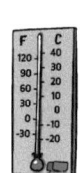

lauko termometras

термометар

saulės šviesa

сунчана светлост

debesis

облак

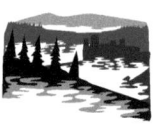

rūkas

магла

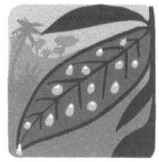

drėgmė

влажност ваздуха

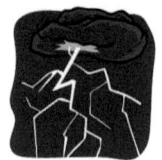

žaibas

муња

griaustinis

грмљавина

audra

олуја

kruša

туча

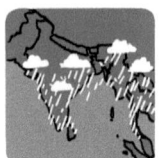

musonas

монсун

potvynis

поплава

ledas

лед

sausis

јануар

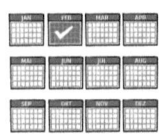

vasaris

фебруар

kovas

март

balandis

април

gegužė

мај

birželis

јуни

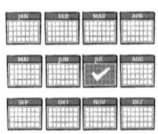

liepa

јули

rugpjūtis

август

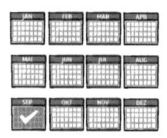

rugsėjis

септембар

spalis

октобар

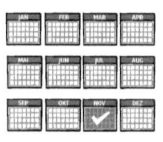

lapkritis

новембар

gruodis

децембар

apskritimas

круг

kvadratas

квадрат

stačiakampis

правоугао

trikampis

троугао

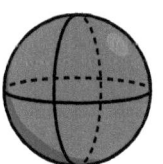

sfera

кугла

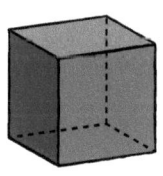

kubas

коцка

balta

бела

geltona

жута

oranžinė

наранџаста

rožinė

ружичаста

raudona

црвена

violetinė

љубичаста

mėlyna

плава

žalia

зелена

ruda

смеђа

pilka

сива

juoda

црна

daug / mažai

много / мало

piktas / ramus

љутито / мирно

gražus / bjaurus

лепо / ружно

pradžia / pabaiga

почетак / крај

didelis / mažas

велико / малено

šviesus / tamsus

светло / тамно

brolis / sesuo

брат / сестра

švarus / purvinas

чисто / прљаво

užbaigtas / neužbaigtas

потпуно / непотпуно

diena / naktis

дан / ноћ

miręs / gyvas

мртво / живо

platus / siauras

широко / уско

valgomas / nevalgomas

јестиво / нејестиво

piktas / malonus

зло / добро

linksmas / nuobodus

узбуђено / досадно

storas / plonas

дебело / мршаво

pirmiausia / paskiausia

на почетку / на крају

draugas / priešas

пријатељ / непријатељ

pilnas / tuščias

пуно / празно

kietas / minkštas

тврдо / мекано

sunkus / lengvas

тешко / лагано

alkis / troškulys

глад / жеђ

ligotas / sveikas

болесно / здраво

nelegalus / legalus

илегално / легално

protingas / kvailas

паметно / глупо

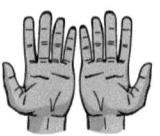

kairė / dešinė

лево / десно

arti / toli

близу / далеко

naujas / naudotas

ново / половно

niekas / kažkas

ништа / нешто

senas / jaunas

старо / младо

įjungta / išjungta

укључено / искључено

atidaryta / uždaryta

отворено / затворено

tylus / garsus

тихо / гласно

turtingas / vargšas

богато / сиромашно

teisus / neteisus

тачно / погрешно

šiurkštus / švelnus

храпаво / глатко

liūdnas / laimingas

тужно / сретно

trumpas / ilgas

кратко / дуго

lėtas / greitas

полако / брзо

drėgnas / sausas

мокро / сухо

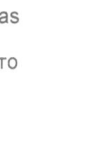

šiltas / šaltas

топло / хладно

karas / taika

рат / мир

0

nulis

нула

1

vienas

један

2

du

два

3

trys

три

4

keturi

четири

5

penki

пет

6

šeši

шест

7

septyni

седам

8

aštuoni

осам

9

devyni

девет

10

dešimt

десет

11

vienuolika

једанаест

12

dvylika

дванаест

13

trylika

тринаест

14

keturiolika

четрнаест

15

penkiolika

петнаест

16

šešiolika

шестнаест

17

septyniolika

седамнаест

18

aštuoniolika

осамнаест

19

devyniolika

деветнаест

20

dvidešimt

двадесет

100

šimtas

стотину

1.000

tūkstantis

хиљаду

1.000.000

milijonas

милион

anglų

енглески

amerikiečių anglų

амерички енглески

kinų (mandarinų)

мандарински кинески

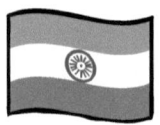

hindi

хиндски

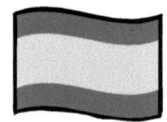

ispanų

шпански

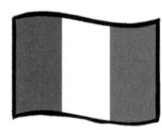

prancūzų

француски

arabų

арапски

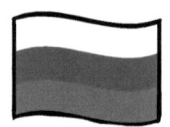

rusų

руски

portugalų

португалски

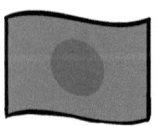

bengalų

бенгалски

vokiečių

немачки

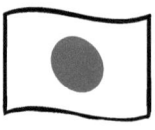

japonų

јапански

aš

ja

tu

ти

jis / ji

он / она / оно

mes

ми

jūs

ви

jie

они

kas?

Ко?

ką?

Шта?

kaip?

Како?

kur?

Где?

kada?

Када?

vardas

име

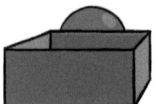

už

иза

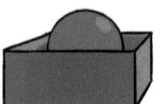

kur (vieta)

у

priešais

испред

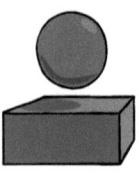

virš

преко

ant

на

po

испод

prie

поред

tarp

између

vieta

место